COUP D'ŒIL

SUR

LA SITUATION DE LA FRANCE

A L'INTÉRIEUR ET A L'EXTÉRIEUR

SOUS LE MINISTÈRE DU 15 AVRIL.

PARIS, IMPRIMERIE DE PAUL DUPONT ET COMP.,
Rue de Grenelle St-Honoré, 55.

COUP D'OEIL

SUR

LA SITUATION DE LA FRANCE

A L'INTÉRIEUR ET A L'EXTÉRIEUR

SOUS LE MINISTÈRE DU 15 AVRIL,

PAR

M. NOUGUIER PÈRE,

Avocat à la cour royale de Paris.

PRIX : 1 FR. 50 C.

PARIS,

LIBRAIRIE NORMALE DE PAUL DUPONT ET Cie,
RUE DE GRENELLE-SAINT-HONORÉ, 55.

....

MAI 1838.

COUP D'OEIL

SUR

LA SITUATION DE LA FRANCE

A L'INTÉRIEUR ET A L'EXTÉRIEUR

SOUS LE MINISTÈRE DU 15 AVRIL.

Il se passe en ce moment des choses qui méritent une sérieuse investigation de la part de l'observateur consciencieux et désintéressé.

S'il fallait juger par le bruit quotidien *des organes de l'opinion ;* par les susceptibilités de l'omnipotence représentative contre les prétendus empiétemens du trône ; par le vague, le décousu parlementaire, l'usage présomptueux et désordonné de son initiative ; si l'on devait prendre pour l'expression sincère et générale du pays l'opposition coalisée des diverses nuances de l'esprit de fronde, qui inspire un peuple né opposant et frondeur ; si l'impatience de quelques hautes ambitions, plus ou moins pures, devait être envisagée comme un flagrant témoignage du mécontentement des masses ; si l'Europe pouvait s'affecter sérieusement de ce tumulte moral, de ce frottement irrégulier dans notre grande machine monarchique constitutionnelle, sans doute la situation serait grave, et réclamerait la sollicitude de tous les bons citoyens, de tous les patriotes sincères.

Heureusement, pour peu qu'on l'approfondisse, on reconnaît que le désordre n'est qu'à la surface : le fond est régulier et solide, et rien ne peut faire craindre une perturbation, qui, au grand effroi de l'Europe, serait la ruine de nos institutions, par le renouvellement de nos luttes intestines.

Pour pouvoir apprécier d'une manière saine la situation véritable, il faut remonter à l'avénement du ministère du 15 *avril*, objet de récriminations si hostiles, d'enseignemens si sévères, de clameurs si passionnées, de coalitions si incohérentes, et, disons-le, si inconsidérées.

Dans ces luttes entre les prétentions, les ambitions, les antipathies, je ne me décide pas par le seul sentiment généreux *qui nous fait nous ranger du côté qu'on opprime ;* j'examine si les prétentions sont fondées, si les ambitions sont légitimes, si les antipathies sont loyales ; en un mot, de quel côté sont la raison, le mérite, l'équité, et je prends parti pour la cause que je crois vraie, droite, pure, surtout lorsqu'à cette cause se rattachent les plus grands intérêts, ceux du trône et du pays.

Eh bien ! je le dis très haut et dans toute la sincérité de mon ame : le bon droit, la sagesse, la vérité, sont du côté du ministère, si violemment, si injustement attaqué; et, sans considérer le nombre, le nom, la puissance de ses adversaires, moi, humble, je prends en main sa défense, et je crois en cela rendre service, à la fois, à la couronne et à la France, qui sont, au fond, les véritables parties au procès.

Remontons donc à l'avénement du 15 *avril :*

Quelle était alors la situation au dedans et au dehors, telle que la léguait à ses courageux successeurs le ministère du 6 *septembre*, héritier lui-même du 13 *mars*, du 11 *octobre* et du 22 *février?*

Je suis d'autant moins suspect dans cette appréciation que mes sympathies, mes convictions, je pourrais dire mes affections, étaient du côté de l'opinion qu'on est convenu de nommer doctrinaire : mes sympathies pour ses chefs les plus illustres n'ont pas changé, pas plus que mes affections; mes convictions seules se sont affaiblies, non point quant aux principes, qui sont invariables, mais quant à l'application. Je ne saurais l'accepter, depuis le jour où elle m'a paru non seulement exagérée, mais entièrement contraire à la situation nouvelle, telle que l'amnistie l'a faite, et, surtout, en ce que cette application a d'embarrassant, d'aggressif même, contre le cabinet du 15 *avril.*

Disons-le avec loyauté : l'état moral de la France, à l'avénement du ministère, était agité, violent, grace aux excitations de la presse irritante et provocatrice.

Une odieuse calomnie de sordidité, jetée à la face

du trône, avec un dégoûtant cynisme, rasait le sol de la France, et y soulevait, en grandissant, toutes les passions mauvaises et haineuses.

Le verdict du jury de Strasbourg, monument de faiblesse, désarmait la loi et le pouvoir.

La législation sur les apanages, en faveur des seuls princes de la famille royale, législation professée par l'un de nos plus puissans jurisconsultes; la sanction pénale, nommée loi de déportation; celle sur la révélation; toutes ces dispositions de force et de dignité dynastique, de prévoyance et de nécessité, tombaient devant une réprobation de commande, prescrite par les faiseurs d'opinions qui gouvernent la France crédule et passionnée.

L'amnistie, demandée à grands cris, bien moins comme acte de clémence que comme soumission du pouvoir, avait fini par s'emparer de tous les cœurs : elle devenait, à la fois, un acte de haute politique et de nécessité. Long-temps, et justement refusée, tant qu'il avait été nécessaire de prouver aux partis leur impuissance et la puissance de la loi, l'amnistie devait être le point de départ, non pas d'une politique nouvelle, à titre de concession, mais d'un système de rapprochement entre toutes les opinions constitutionnelles, entre toutes les nuances de la majorité, qui avaient concouru à faire prévaloir un régime d'ordre et de conservation. C'était bien de la *conciliation* et non pas de la faiblesse; et si, un moment, j'ai pu personnellement craindre l'abandon des principes qui avaient amené la situation au point de rendre l'amnistie non seulement possible mais désirable, mais nécessaire; si j'ai payé aussi mon tribut à des appréhensions dont l'objet était trop grand, trop sacré, pour ne pas les rendre légitimes; si, dis-je, j'ai fait ma modeste part d'opposition au cabinet du 15 *avril*, je n'ai pas tardé à reconnaître et le peu de fondement de mes craintes, et les résultats irréfragables de l'amnistie sur l'état moral du pays.

De ce jour, cet état demandait une sage modification dans la conduite du gouvernement, comme dans celle de la majorité; il fallait abjurer les démarcations des personnes, en même temps que celles des opinions, plus ou moins prononcées en faveur du système consolidateur, qui avait commencé par la répression et finissait par l'amnistie. Entre les diverses fractions de la majorité, la répression et l'amnistie n'avaient jamais fait l'objet d'une dissidence au fond : l'une et l'autre n'étaient qu'une question de temps : le temps était venu pour l'amnistie; la répression avait fini le sien.

Rendons cette justice au 15 *avril :* il a été logique : il s'est posé sur le nouveau terrain que le double système avait préparé, et il a invité les partisans de tous les deux à venir l'y joindre, pour lui donner leur double appui. Là était une majorité forte, compacte, décisive, dans laquelle se retrouvaient les chefs éminens des deux grandes sections de la majorité, à la tête de leurs soldats intelligens et dévoués; et parmi ceux-ci avaient grandi, à l'épreuve de nos sept ans de luttes parlementaires, de jeunes patriotismes qu'une noble émulation et d'honorables succès avaient élevés sur les marches du pouvoir.

Pourquoi leur en refuser les avenues? pourquoi faire revivre des dénominations caduques, qu'on avait érigées en drapeaux, et qui divisaient, affaiblissaient la majorité? pourquoi encore des *doctrinaires*, *un tiers-parti*, *un centre gauche;* en un mot, ces sectes d'une même communion politique, ces schismes d'une même religion, fondée sur le trône et la liberté?

Ah! c'est pour moi un sujet de regret, d'affliction : le sentiment conciliateur qui animait, qui anime encore aujourd'hui le cabinet du 15 *avril* n'a pas été apprécié comme il méritait de l'être! Les faiblesses, les vanités, les ambitions, les rancunes, ont seules répondu à un appel généreux, digne d'être entendu de tout ce qui a de la noblesse dans l'esprit et du patriotisme au cœur, si la nature imparfaite de l'homme, ses passions, n'étouffaient trop souvent les inspirations de sa raison, de sa sagesse, de sa conscience.

C'est à la fois un tort et un malheur; tout s'en est ressenti, tout s'en ressent encore, et le gouvernement et la chambre, et le Roi et le pays : le gouvernement, en ce qu'il se voit incessamment en butte à des résistances malveillantes, à un esprit de dénigrement décourageant et injurieux ; la chambre, par l'anarchie qui divise sa majorité, et la livre au désordre, à la stérilité de l'esprit vaniteux et obstiné des initiatives ; le Roi, dans les défiances, les empiétemens dont on frappe, on menace ses prérogatives ; enfin le pays, qui, en résultat, subit toutes les conséquences de ces tiraillemens entre les deux grands pouvoirs exécutif et électif.

En conscience, qui accuser de cet état de malaise, de souffrance gouvernementale et législative ? le cabinet du 15 *avril* ? Et pourquoi ? quels sont ses torts ? quels actes blâmables a-t-il commis ? quels actes utiles a-t-il négligé de faire ? quelles entreprises au dedans et au dehors ont échoué ? en un mot, quel système a-t-il fait prévaloir qui soit contraire à l'intérêt et à l'honneur du pays, à la force et à la dignité de la couronne ?

Je n'ai pas à m'occuper des griefs que lui adresse l'opposition nommée *dynastique*, celle qui travaille si bien à démolir, pièce à pièce, et royauté et dynastie, sous prétexte de lui apprendre son rôle et de la protéger contre elle-même. Cette *doctrine* aussi (car c'en est une, et des plus abstraites, des plus orgueilleuses, des plus intraitables), cette doctrine élève les mêmes plaintes depuis le lendemain de la révolution de juillet contre tous les pouvoirs qui se sont succédé. Le ministère Laffite, lui-même, ce ministère si bénévolement soumis à toutes les utopies, à toutes les exigences du programme *monarchico-radical*, ne put pas désarmer l'opposition *quand même*. Certes, ce n'est pas le ministère Molé qui obtiendra grace devant elle !

C'est *à la coalition* que j'ose demander compte d'un éloignement dont je n'aperçois pas clairement les causes, et qui ne saurait être justifié que par des principes et des faits.

Parmi les chefs de cette opposition étrange et anomalique, deux, surtout, personnifient le 11 *octobre*, glorieux héritier du 13 *mars ;* date cent fois honorable, cent fois digne du premier rang dans nos annales les plus fécondes en grands et heureux résultats. J'ai nommé *M. Guizot* et *M. Thiers.*

C'est donc à eux que je m'adresse, comme représentant des idées d'ordre, de conservation et, à la fois, de progrès.

M. Guizot n'a pas cru devoir se renfermer plus long-temps dans le rôle d'observateur sévère : sa haute raison s'est révoltée contre ce qu'il nomme un pouvoir *petit*, qui amoindrit le trône, le pays, et jusqu'à la chambre elle-même. C'est contre cette atténuation de la force gouvernementale que le grave moraliste s'élève de toute la puissance de sa logique.

Quoiqu'il m'en coûte de me séparer d'une des plus fermes, des plus droites intelligences de notre époque; quelle que soit encore ma vénération pour elle, je n'hésite pas à me déclarer contre cet antagonisme élevé au nom de la dignité du pouvoir et du trône, au nom de l'intérêt du pays. J'ai le malheur de croire que M. Guizot, trompé par la supériorité même de sa raison, a pris une fausse, une déplorable direction. Ce n'est pas par une exposition fastueuse et théorique de principes que j'entreprendrai de démontrer sa trop regrettable erreur: c'est par *les actes*, par *les faits*, par *les résultats.* Plus la parole de M. Guizot a d'autorité, plus il importe de prémunir contre elle tous ceux sur qui cette autorité s'exerce. C'est un devoir de conscience et de patriotisme ; il est au dessus de mes forces, peut-être, mais non pas de ma volonté.

Je viens de dire que je répondrais aux grandes et belles sentences par *les actes*, *les faits*, *les résultats :* c'est une argumentation toujours victorieuse ; il n'y a pas si haute éloquence qui tienne contre elle.

Les actes.

J'ai posé l'amnistie comme la base de la politique du cabinet du 15 *avril :* je l'ai nommée le *point de départ.*

Voyons si le gouvernement s'est écarté de l'esprit qui l'a inspirée. Et, d'abord, que faut-il entendre par son esprit ?

M. Guizot va nous l'expliquer :

« L'amnistie était pour les partis et l'opposition une machine de guerre contre la politique de résistance ; c'était le moyen de déplacer la majorité, de changer le système du gouvernement.

« De là le refus du cabinet du 11 octobre, et le silence du cabinet du 22 février, et la conduite du cabinet du 6 septembre, qui a multiplié les graces, accordant même la plus difficile, la plus éclatante, celle des prisonniers de Ham, mais ne voulant pas faire aux partis, sous le nom d'amnistie, une concession qui pût démentir le passé et affaiblir le pouvoir.

« C'est cet air de concession, cette confusion des motifs et des effets de l'amnistie qu'a acceptés M. le comte Molé. Sa position le lui permettait, l'y provoquait presque. Il avait, comme l'opposition, demandé l'amnistie pendant le combat, quand l'issue était encore douteuse. Il avait pris à la résistance une part peu active ; il s'en était même retiré avec éclat, au moment où la chambre des pairs s'y engageait à fond. De sa main les partis pouvaient recevoir l'amnistie avec joie et la célébrer avec pompe, y trouvant pour leur amour-propre un succès plutôt qu'un échec, et se promettant bien d'en tirer d'autres résultats que l'adoucissement des esprits et la mise en liberté de quelques détenus. »

Voilà l'argument dans toute sa force, dans toute

sa gravité. Un moment, et dans l'ignorance des faits, j'ai partagé la prévention qui a pesé sur M. Molé; j'ai jugé, comme on a trop coutume de le faire, sur l'apparence. Mais lorsque tout m'a été bien connu; lorsque j'ai pu apprécier les actes et les circonstances qui les ont produits; lorsque j'ai eu complétement étudié le caractère de M. Molé, qui se compose d'une grande fermeté de principes et de volonté, tempérée par la douceur de son esprit, l'indulgence de son cœur, j'ai pu me rendre compte d'une dissidence de pure procédure criminelle, qui ne portait aucune atteinte au fond des choses.

Au surplus, s'il fallait récriminer sur le principe de l'amnistie et les incidens d'intérieur gouvernemental qu'elle a amenés; si l'on remontait à l'époque où son application était demandée par des esprits très énergiques, comme répression, mais aussi très généreux, comme conciliation, on trouverait peut-être M. Guizot en flagrante contradiction avec lui-même.

Quoi-qu'il en soit de ses propres fluctuations sur une matière si haute, il est vrai de dire que, plus tard, M. Guizot et M. le comte Molé ont été ramenés par la différence de leur nature : M. Guizot à ne vouloir que des graces qui n'effaçaient pas les souvenirs; M. Molé à vouloir effacer jusqu'aux souvenirs, en conseillant l'amnistie. La sagesse et la magnanimité du trône ont jugé entre les deux natures, les deux systèmes, et, disons-le, elles ont bien jugé. M. Guizot le déclare lui-même.

« L'événement a trompé leur attente (l'attente des partis).

« La conduite et le langage du cabinet à ce sujet, de M. Molé comme de M. de Montalivet, comme de M. Barthe, ont toujours été bons. Les avantages de l'amnistie ont surpassé ses inconvéniens. Cependant, soit par la nature même de la mesure, soit à cause de la physionomie générale du cabinet qui l'a adoptée, elle a été prise plutôt comme une concession que comme un acte de force ; et elle est pour quelque chose dans ce relâchement de la moralité politique, dans ce refroidissement des gens de cœur, dans ce progrès de l'opposition, dans ce déclin de pouvoir, qui sont les traits essentiels de notre situation. »

Ici se reproduit cette expression de blâme qui rejette sur la faiblesse de M. Molé le caractère de concession que les partis se sont obstinés à donner à l'amnistie. Cette fois, les souvenirs de M. Guizot le servent mal. C'était si peu une concession, c'était si bien un acte de force et de libre arbitre que, lorsque la presse de l'opposition, livrée elle-même à l'exigence des partis, a réclamé avec présomption, avec colère, l'extension de l'amnistie aux contumaces, ce pouvoir, que l'on dit si faible, si relâché, a résisté énergiquement à l'injonction bruyante et hautaine; et ce même M. Molé, contre qui on soulève aujourd'hui encore une injuste et tardive imputation, a voulu aussi, cette fois, comme toujours, que l'autorité de la loi fût consacrée.

Ainsi le grand acte, dont le chef *du 15 avril* peut revendiquer la plus large part, après le trône, n'a nullement le caractère de concession que son illustre adversaire s'efforce de lui donner, aujourd'hui encore, par une récrimination au moins tardive. C'était une base généreuse et profonde, sur laquelle le gouvernement devait logiquement établir son système de conciliation trop méconnu, trop injustement censuré. Ainsi, non seulement ce premier acte du 15 *avril* échappe au blâme; mais il devient rationnellement le fondement d'une politique de rapprochement et de bienveillance.

La dissolution : voilà aussi un acte considérable. Examinons-le dans son principe, dans son but, et dans ses effets.

Écoutons encore M. Guizot :

» *La dissolution* de la chambre y a contribué bien davantage (au déclin du pouvoir). Aucune raison publique, aucune vue d'intérêt général ne la rendaient nécessaire, naturelle même. La chambre avait toujours soutenu le pouvoir, et naguère le cabinet lui-même. Deux causes poussaient à la dissoudre : le vœu de l'opposition, qui comptait sur des élections favorables, et l'intérêt privé du cabinet, qui ne se trouvait pas assez bien établi dans le parti même du gouvernement. La dissolution a eu lieu par ces seuls motifs, sous la seule impulsion des espérances de l'opposition, des rancunes et des craintes personnelles du cabinet. »

Je vais bientôt réfuter M. Guizot par lui-même, lorsqu'il arrive aux effets des élections. Parlons d'abord du principe et du but de la dissolution.

On n'a pas bien jugé la pensée de M. Molé, lorsqu'il a conseillé et obtenu de la couronne la dissolution de la chambre.

«Aucune raison publique, aucune vue d'intérêt général ne la rendaient nécessaire, naturelle même.... »

Aucune raison publique !... Mais vous avez donc oublié l'état moral de la chambre après la retraite du cabinet du 6 *septembre*. Nous en appelons à la notoriété. Y avait-il un pouvoir qui pût se promettre la majorité, avec des élémens que les secousses parlementaires successives, produites par le renversement de trois ministères, depuis la fatale adresse de 1834, avaient désorganisés, dispersés, au point de ne pouvoir se reconnaître, se retrouver? Je ne crains pas de l'affirmer : pas plus M. Molé que M. Guizot, que M. Thiers, n'aurait pu ramener à lui ces élémens épars de la glorieuse majorité, qui avait si énergiquement fondé le système de résistance, devenu, par son triomphe même, système de conciliation. La dissolution était donc impérieusement *nécessaire*, sous peine d'une impuissance totale de gouvernement.

Disons qu'elle était *naturelle*.

Par cela même que le système politique avait changé, il était *naturel* que des élémens nouveaux vinssent modifier les élémens anciens de la majorité, et les mettre en harmonie avec la situation nouvelle.

Enfin la dissolution était *prévoyante*. M. Guizot sait mieux que personne qu'en fait de pouvoirs législatifs la prudence veut qu'on n'attende pas l'année de leur expiration, pour ne pas se trouver à la merci de circonstances imprévues dont la gravité peut s'accroître du mouvement d'une élection générale.

Le principe de la dissolution, comme son but, a donc été une pensée d'ordre et de conservation, et, sous ce double point de vue, cet acte nous paraît irréprochable. M. Guizot prend soin d'en justifier les résultats.

« La France est sage, et Dieu la protège. De ce chaos électoral est sortie une chambre bien incertaine, bien confuse, mais où dominent le bon sens, les sentimens droits, les idées d'ordre, qui veut sincèrement soutenir le pouvoir et ne se laissera pousser à aucun grave excès. »

Dans la bouche d'un homme tout autre que M. Guizot, l'aveu que *le bon sens, les sentimens droits, les idées d'ordre* dominent dans la chambre, cet aveu pourrait paraître une flatterie, en vue de se la rendre favorable. Cette confession n'en donne pas moins gain de cause à M. le comte Molé, alors même qu'il n'aurait pas justifié l'utilité, la nécessité, la prévoyance de la dissolution.

Je dirai plus tard pourquoi cette chambre sensée, droite, conservatrice, est si incertaine, si confuse.

L'amnistie et la dissolution de la chambre : voilà, en effet, les deux actes capitaux du 15 *avril*, et les argumens mêmes que l'on emploie pour en contester la valeur servent à les justifier.

A présent, voyons *les faits*.

Parmi eux on ne méconnaîtra pas le mérite de la restitution de Saint-Germain-l'Auxerrois au culte. La pensée n'en appartient pas uniquement au cabinet, mais il a été assez heureux pour l'accomplir.

La prise de Constantine est un fait glorieux pour la France : heureux encore le pouvoir sous lequel il a pu se réaliser.

Le mariage du prince royal, qui resserre notre alliance avec la Prusse, nation sage et prépondérante, est encore un de ces événemens favorables dont un cabinet peut à bon droit se féliciter.

Le traité avec Haïti ne doit-il pas compter aussi

pour quelque chose dans la balance des faits honorables pour le pouvoir et utile pour le pays ?

La soumission toute constitutionnelle du gouvernement, à une des plus vives, des plus persévérantes
manifestations de la chambre élective, celle de la conversion des rentes, n'est-elle pas un hommage rendu
au droit d'initiative parlementaire, hommage qui
n'exclut pas la liberté d'action du gouvernement, alors
que la grande mesure financière aura reçu la sanction des trois pouvoirs ? En concluant, nous dirons
un mot sur cette grave question, telle que l'esprit
d'opposition vient de la faire.

Remarquons-le bien : ce cabinet que l'on peint si
petit, si débile, si incertain, si timoré, a été assez
hardi pour vouloir et consommer deux des plus
grands actes de politique gouvernementale qu'un
pouvoir, si haut, si fort qu'il soit, puisse oser tenter.
Et dans les faits, il n'a été ni moins entreprenant
ni moins heureux. Est-ce à la fortune ou à l'habileté
qu'il faut attribuer ses succès ? Sans doute la fortune
n'est pas toujours une preuve d'habileté, mais elle en
est au moins la présomption, et il est bien permis
d'avoir quelque foi dans le pouvoir qui a pour lui
l'avantage de la réussite.

Mais, dira-t-on, vous ne parlez là que de faits
positifs ; c'est dans les faits *moraux* que se trouvent
les trop justes reproches encourus par le cabinet du
15 *avril*. Sous le nom de conciliation, il a introduit
dans le gouvernement et dans la chambre un système
de bascule, à l'aide duquel il est parvenu à se sou-

tenir : neutralisant les opinions, les personnes; aujourd'hui s'alliant au centre droit et en appuyant les chefs; demain rompant l'alliance et se livrant au centre gauche : tactique misérable et honteuse qui révèle autant de faiblesse que d'immoralité.

Eh! mon Dieu, s'il fallait rechercher de quel côté sont la droiture et le désintéressement; s'il était permis de descendre au fond des causes qui ont déterminé *le mariage de raison*, et en ont amené la rupture; si chaque opinion exclusive et jalouse pouvait courageusement se dégager de ses exigences, consciencieusement se rendre compte de ses torts; s'il était possible de faire la part de la vanité, de la susceptibilité, de l'ambition, de l'erreur, de l'intrigue même, combien il serait facile de s'entendre et de pardonner, ou des fautes, ou des faiblesses, ou des équivoques ou des surprises !

J'ai nommé M. Thiers comme un des compétiteurs au pouvoir et comme s'étant posé plus fortement encore que M. Guizot dans le système d'opposition par voie *d'agitation parlementaire*. Disons-le, cependant : son rôle apparent a été beaucoup plus silencieux, quoiqu'au fond la pensée d'opposition soit plus arrêtée et plus irréconciliable encore. J'imite son silence : je réponds à ceux-là seulement qui parlent : j'attends !...

Néanmoins, il est une justice que je me plais à rendre aussi à M. Thiers. Sa dissidence avec le cabinet Molé ne s'est fortement prononcée que sur la question espagnole ; et là, je dois le dire, je partage son opinion sur le fond de ce vaste litige. Mais si on l'excepte du débat, sur toutes les autres difficultés de politique et d'économie : principe d'ordre et de conservation ; système des travaux publics ; remboursement et conversion de la rente, les opinions de M. Thiers se rapprochent de celles du ministère, si même elles ne se confondent avec elles. Son opposition, donc, généralement réservée à la tribune, ne saurait être sérieuse quant aux choses : ce serait, tout au plus, une guerre de personnes et de position. Pour l'honneur de M. Thiers, et dans l'intérêt de son avenir gouvernemental, nous aimons à croire que cette guerre ne saurait être sérieuse et durable.

Après avoir rapidement parcouru les principaux griefs de *la coalition*, et démontré qu'ils ne sont nullement fondés quant à la situation intérieure, jetons un coup d'œil sur la position du 15 *avril* à l'extérieur ; après quoi nous terminerons par l'examen des causes réelles qui ont produit le malaise et le désordre parlementaire dont on se plaint avec beaucoup de raison, mais dont on a tort de rejeter le principe et les effets sur le cabinet, particulièrement sur l'influence de son chef.

Sans prétendre le moins du monde me donner de l'importance, je puis parler avec quelque discernement de la situation de la France à l'extérieur. J'ai fait comme tous les hommes qui veulent apprendre ; j'ai été voir et étudier, et je sais bien ce que j'ai vu et appris.

Eh bien! je le déclare: à aucune époque, peut-être, la France n'a été plus considérée qu'elle ne l'est, depuis qu'il a été reconnu par l'Europe que la France ne veut rien d'elle que le respect et la paix.

Et comment en pourrait-il être autrement? quel spectacle n'a pas donné au monde civilisé cette glorieuse nation dans les efforts qu'elle a faits pour se vaincre elle-même; pour constituer une royauté à la fois profonde et libérale, qui s'identifiât avec le pays, et devînt le centre d'un régime d'égalité! Oui, c'est un spectacle imposant et redoutable, auquel l'Europe a assisté et assiste encore, tout émue par un sentiment d'admiration et de crainte.

Savez-vous ce qu'il lui a fallu de sagesse, de prudence pour ne pas céder à cet effroi que lui inspiraient des souvenirs palpitans encore? c'est bien à tort que notre libéralisme ignorant et provocateur nous représente l'Europe continentale comme toujours prête à fondre sur la France, pour y étouffer le principe de liberté. Qu'ils aillent, nos grands docteurs, qu'ils aillent interroger les cabinets, ceux même qu'on suppose les plus hostiles: ils n'entendront qu'un vœu: c'est que la France s'affermisse dans l'exercice des institutions qu'elle s'est données; qu'elle en jouisse sagement, sans prétendre les imposer aux autres nations.

Ils apprendront eux-mêmes à apprécier celles de ces peuples, dont les mœurs, les traditions, sont si dissemblables des nôtres; ils y trouveront autant de liberté, d'égalité, sous des formes diverses; ils se convaincront, enfin, que, si la France ne devient pas agressive, jamais l'Europe ne songera à l'être contre elle.

Certes, je ne fais pas au seul cabinet *du 15 avril* l'honneur de croire qu'il a produit cette forte et honorable situation à l'extérieur. Il est un premier tribut de reconnaissance à payer de ce résultat à celui à qui principalement il est dû, *au Roi!...* Que l'on interroge l'Europe, sur sa sagesse, sa sollicitude pour la dignité, la grandeur, la sécurité de la France ; que l'on demande ce que tout homme de probité et de cœur, à quelque pays qu'il appartienne, pense de son courage, de son dévouement, de sa droiture, de sa magnanimité, et l'on saura jusqu'où va l'admiration pour une raison si haute, une expérience si profonde, une abnégation si héroïque, enfin un si rare ensemble de vertus.

Mais, après ce juste hommage rendu au chef de notre dynastie toute française, à ce prince que la Providence avait placé à côté du trône pour sauver la France d'une nouvelle et effroyable subversion, hâtons-nous de dire qu'il a trouvé, d'abord, dans notre illustre Périer un digne agent de sa sagesse et de son courage. Déclarons que ses successeurs ont noblement accepté et soutenu ce formidable héritage.

Parmi eux le cabinet *du 15 avril* mérite une très honorable mention. Je puis affirmer qu'aucun autre encore n'a joui à l'étranger de plus de confiance et d'estime ; et, dois-je le dire, c'est avec un vif sentiment de peine, de regret, que les gouvernemens de l'Europe le voient en butte à cette coalition véritablement incompréhensible. Leur étonnement a été grand, surtout, d'y rencontrer un nom qui s'était placé si haut dans l'opinion de l'Europe morale et conservatrice. C'est à leurs yeux plus qu'un mal ; c'est un tort.

Après ces observations générales, parlons des faits : *l'Espagne* d'abord. Probablement ce n'est pas sur cette haute question politique et sociale qu'on entend faire un reproche au cabinet ; aux yeux de M. Guizot, c'est la seule difficulté au dehors : ce qu'il en dit mérite d'être médité.

Au dehors, il n'y a qu'une question, l'intervention en Espagne, et sur celle-là, il est vrai, les opinions diffèrent réellement. Cependant, parmi ceux qui se prononcent pour l'intervention, peu voteraient en sa faveur s'ils croyaient que leur vote dût effectivement l'amener ; et parmi ceux qui la repoussent, beaucoup hésiteraient s'ils étaient contraints d'accepter en même temps les conséquences, je ne dis pas probables, mais possibles, de leur refus. Les esprits sont pleins de trouble sur cette grande affaire. *Les plus décidés ont, au fond du cœur, peu d'envie d'être mis à l'épreuve et appelés à répondre de la pratique de leurs discours.*

On peut en être certain : parmi ceux qui rejettent l'intervention, il n'en est aucun qui poussât plus loin peut-être que M. Molé l'énergie et la résolution, et qui répudiât avec plus de force *les conséquences, je ne dis pas probables, mais possibles de son refus.*

Oui, les esprits sont pleins de trouble sur cette grande affaire ; mais le moment n'est pas éloigné, j'espère, où, de plus en plus éclairée par les terribles, les décisives épreuves que subit la malheureuse Espagne, avec une sublime résignation, l'Europe, et plus particulièrement la France, feront cesser, par une politique de prévoyance et d'humanité, ce trouble qui remplira jusque là les plus hauts esprits.

Du moins, *sur cette grande affaire*, les adversaires de M. Molé ne vont pas jusqu'à lui imputer à faute sa politique. Le vote si expressif de la chambre le couvre de sa responsabilité.

Mais ce que le cabinet a pu résoudre, dans la limite de ses convictions et de la résolution parlementaire, en faveur de notre souffrante alliée, il l'a fait, il doit continuer à le faire, jusqu'au jour où des événemens nouveaux et complétement significatifs lui prescriront d'autres mesures. La sagesse royale est là avec son droit et ses devoirs. On peut compter sur elle et sur ses agens responsables.

Que si de l'Espagne nous passons à nos divers rapports internationaux, que voyons-nous?

Notre alliance politique avec l'Angleterre, maintenue, resserrée même, par une meilleure intelligence dans le concours commun des deux grandes nations, en faveur de cette même Espagne, qui n'a pas toujours joui d'une si utile harmonie entre elles. Enfin, la part que la France va prendre à une cérémonie auguste et touchante, dans laquelle la triple et puissante couronne britannique ceindra un jeune front royal, est une démonstration digne d'un peuple magnifique.

J'ai parlé de l'alliance heureuse qui, en donnant à l'héritier du plus sage des rois une épouse digne de lui et de la France, a rapproché d'une manière intime deux nations faites pour s'estimer, et que leur position géographique, leur prépondérance, rendent les arbitres de la paix continentale. C'est un grand fait dans la balance politique de l'Europe que l'union de la France et de la Prusse, et nulle autre, peut-être, ne pouvait avoir de plus utiles conséquences.

Aucun gouvernement ne tient plus au repos de la France, aucun ne fait pour elle de vœux plus sincères que l'Autriche, dans son propre intérêt; dans cet intérêt si habilement entendu par une des plus vives, des plus sûres, des plus sages intelligences de l'Europe moderne; de ce côté, encore, tout est sécurité et bon accord.

La Russie!.. ah! c'est d'elle que doivent nous venir les tempêtes! C'est devant ce colosse qu'on nous peint à genoux. Misérable crainte! indigne supposition!

La Russie! connaît-on bien la politique de son gouvernement? ce ne sera pas lui qui engagera une lutte impossible contre la France, en passant sur le corps des deux grandes nations intermédiaires, qui la craignent et l'observent; elles, surtout, auraient à souffrir de ses envahissemens. Non, la politique de la Russie est bien autrement éclairée et prudente; elle a bien assez à faire d'accroître la vie de la civilisation dans cet immense corps social dont tant de parties sont encore brutes et improductives.

Au surplus, si la Russie nous est moralement hostile, nous le lui rendons bien, et le jour où cet antagonisme, réciproquement injuste et impolitique, cessera, les deux grandes nations gagneront à un rapprochement auquel leur intérêt doit les convier.

J'ai parcouru en peu de mots notre position à l'extérieur, et je défie qu'on y trouve raisonnablement rien à redire. L'opposition, à grands fracas de patriotisme fanfaron et stérile, a seule le droit de s'en plaindre.

Ainsi, donc, au dedans du calme, de l'ordre, du travail, de la prospérité; au dehors de la confiance, du respect, de la sympathie, de la dignité: que voulons-nous de plus? Pourquoi donc ces irritations, ces défiances, ces haines? — Je vais le dire.

Une des premières conditions du gouvernement, c'est de savoir justement apprécier les dispositions morales de l'époque, et de s'appliquer à les satisfaire. Je n'entends pas par là qu'il faille obéir en esclave à des caprices d'opinions, ni flatter les préjugés; loin de là, il y a courage et sagesse à résister à de mauvaises préventions populaires, et à s'efforcer de les redresser.

C'est une justice à rendre à l'école doctrinaire: elle lutte avec énergie et persévérance contre les fausses maximes, l'enseignement subversif du libéralisme; elle travaille à ramener les esprits, égarés dans ces voies décevantes, aux vrais principes de la liberté, de l'égalité, par les préceptes de la morale et de la religion, qui renferment toutes les conditions d'une société régulière et perfectible.

Mais ces intelligences supérieures n'apportentelles pas quelque chose de trop impératif dans leurs enseignemens, de trop absolu dans leur application? Comptent-elles pour assez le caractère national, qui se compose de tant de passions vives, de tant d'impressions rapides, de tant de sentimens nobles mais exagérés ; en un mot, de tant d'irritabilité intellectuelle, qui le fait passer d'un extrême à l'autre avec une effrayante mobilité ?

C'est dans ce défaut d'appréciation de notre nature française que se trouve peut-être l'explication des résistances qu'éprouve l'école doctrinaire dans le maniement des affaires publiques. Sa participation au pouvoir est certainement une bonne et utile chose, comme influence de moralisation ; mais elle a besoin d'être neutralisée par des inspirations plus sympathiques avec le caractère national, dans ce qu'il a d'expanssif et de spontané.

Aussi avons-nous long-temps considéré l'accord de M. Guizot et de M. Thiers comme une des plus heureuses combinaisons gouvernementales, parce que, dans cette double influence, se trouvait une action décisive sur la majorité parlementaire, représentant la majorité du pays. Le jour où il y a eu lutte entre les deux types qui la personnifient, il y a eu lésion dans le pouvoir.

Et ce n'est pas là une subtilité d'observation : j'en atteste tous les membres ayant appartenu à la majorité du 13 *mars* et du 11 *octobre:* n'est-ce pas réellement du jour de la première mésintelligence entre M. Guizot et M. Thiers que datent le désordre du

pouvoir et la collision parlementaire? A qui la faute?
C'est à la conscience de ces deux hautes intelligences
à répondre.

Depuis ce moment, des efforts plus ou moins heureux ont été faits pour rendre au pouvoir l'ascendant
qu'il avait perdu.

Le cabinet du 22 *février*, d'abord (sans vouloir en
rien blesser les hommes honorables qui le compo-
saient), était certainement la moins favorable des combinaisons politiques. M. Thiers, excellent comme
partie d'un ministère fortement organisé, qui rece-
vrait une direction droite et ferme, était incomplet
pour la lui imprimer et pour la maintenir. La vivacité
même de ses perceptions s'oppose à leur solidité, à
leur constance. Comme chef du conseil, il a échoué,
et il devait échouer. M. Guizot, sans aucun doute, a
plus de profondeur dans les vues, plus de sûreté,
plus de fixité dans leur application. Dirigé par lui, un
cabinet saurait ce qu'il veut, ce qu'il doit vouloir;
où il va, où il doit aller. Mais ne serait-il pas à craindre que l'*invariabilité* même de ses conceptions, de
ses doctrines, ne suscitât des embarras dans la
pratique; embarras au nombre desquels il faut placer
les absurdes préventions soulevées contre le puis-
sant moraliste, par l'action incessante d'une presse
passionnée?

Je ne crains pas de le dire :

La France, avec ses vieux préjugés libéraux; avec
l'excitation quotidienne qui les entretient, les exalte,
la France est encore loin du jour où un cabinet

Guizot, c'est-à-dire un pouvoir purement moral et philosophique, pourra la diriger avec utilité, avec faveur. Long-temps encore il faudra à M. Guizot, ou à ses disciples, l'escorte d'esprits moins absolus, plus pratiques ; ceux-ci recevront de la pensée doctrinaire une autorité spirituelle, qu'ils lui rendront en ascendant positif, en pouvoir d'application.

Aussi ce fut avec une joie sincère et une grande espérance que je vis se former le cabinet du 6 *septembre*. L'avénement de M. le comte Molé à la présidence fut pour moi comme une lumière nouvelle sur la valeur réelle de cet homme d'état éminent et expérimenté. J'avais conçu contre lui des défiances que son rapprochement de M. Guizot faisait nécessairement disparaître. Jamais M. Guizot n'aurait consenti à s'allier avec M. Molé, à se soumettre à sa prépondérance, si, en réalité, le chef qu'il consentait à se donner avait à se reprocher cette petitesse de caractère, cette faiblesse d'esprit, ce laisser-aller politique qu'il lui reproche sévèrement aujourd'hui.

Hélas! ma joie fut courte, comme devaient l'être mes illusions. La nature, si dissemblable, et que j'ai caractérisée, de ces deux supériorités politiques, ne pouvait leur permettre de s'accorder long-temps, en présence de tant de difficultés accidentelles, qui se produisaient de moment en moment. La grande question de l'amnistie fut le terrain sur lequel elles devaient se séparer, non point comme acte de clémence, également dans leur volonté et dans leur cœur, mais comme principe. Je l'ai dit : le trône a prononcé entre les deux systèmes, et le résultat a justifié l'auguste sanction.

Je ne reviendrai pas sur les actes, sur les faits dont le cabinet *du* 15 *avril* peut à bon droit s'honorer, et dont il est au moins équitable de lui tenir compte; c'est du malaise , de la confusion, de l'incohérence de la chambre élective que j'ai à signaler les causes pour en prévenir les funestes effets. Il n'était pas inutile de remonter jusqu'à la séparation de M. Guizot et de M. Thiers : c'est dans leur caractère moral et politique que j'ai dû rechercher le principe de cette funeste rupture.

Là se trouve l'origine de la scission qui s'est manifestée dans la majorité. Chacune de ces ambitions, que je veux croire noble et grande, s'est efforcée d'attirer à elle la partie de la chambre qui lui a voué ses sympathies. Autour d'elles sont venues se grouper celles qui espèrent en partager le triomphe et en recueillir l'héritage. Il y a, pour parler vulgairement, dans la chambre, beaucoup *de monnaie* de M. Guizot et de M. Thiers, ayant plus ou moins de valeur, plus ou moins de présomption; c'est à qui attirera à son chef plus de prosélytes dans ces patriotismes novices, inexpérimentés, que la nouvelle élection a amenés à la chambre.

Que si, au conflit des deux camps, centre droit et centre gauche, vous joignez l'action active et tracassière des ergoteurs économes du tiers-parti; si, à l'esprit d'argutie vient s'unir l'importance doctorale de la gauche à programmes et comptes-rendus; si, pour accroître la confusion, les deux extrémités se jettent aussi dans la mêlée, comment concevoir une majorité régulière et sûre au milieu de cet inextricable chaos?

Et je ne parle là que du désordre tel qu'il se forme dans la seule enceinte parlementaire. Au dehors, c'est la presse, avec ses formes agressives, qui souffle la discorde et excite au combat. Il était édifiant, par exemple, de voir un des plus fervens prédicans du système de conciliation avoir sans cesse l'injure et la provocation à la bouche contre les doctrinaires et le centre droit: nécessairement, cette hostilité excitait contre les assaillans la rancune de la presse doctrinaire.

Que pouvait le ministère, très sincèrement conciliateur, tiré à droite, tiré à gauche; s'efforçant de résister; voulant complaire aux deux camps; espérant désarmer l'opposition même, et faisant à tous des concessions, dans un espoir de rapprochement et de paix? On a appelé cette manœuvre toute naturelle, toute nécessaire, un système *de bascule*. Hélas! c'était une loi de position qu'il fallait subir, sous peine de laisser le pays sans pouvoir et la chambre sans majorité.

Demandez aux députés les plus dévoués à leur drapeau, mais aussi les plus consciencieux, s'il y avait, s'il y a encore un ministère possible, autre que celui qui a pu se soutenir pendant plus d'un an, à travers ces prétentions exclusives des systèmes et des ambitions; ces mécontentemens, ces défiances, ces rancunes, ces intrigues, ces mauvais vouloirs, ces perfidies?

ils vous répondront, ces hommes droits, comme ils m'ont répondu : « Nous avons soutenu, nous soutenons le ministère, *parce que l'état de la chambre ne permet pas d'en avoir un autre.*

L'état de la chambre ne permet pas d'en avoir un autre! Et pourquoi ? Le voici :

La chambre se compose d'opinions tranchées, qui affectent de se rapprocher, lorsqu'il s'agit de combattre le pouvoir pour le renverser, mais qui, aucunes, ne sont en position de le remplacer, parce qu'aucunes ne représentent la majorité réelle.

Je mets à part les puritains de la gauche, qui subissent la royauté, et travaillent *légalement* à lui substituer un pouvoir abstrait et impossible. J'excepte aussi les légitimistes *constitutionnalisés* et *inconvertibles* qui, sous le bénéfice de la restriction mentale, s'efforcent, *très légalement aussi*, de détruire la nouvelle dynastie, pour la remplacer par la dynastie déchue. Je ne compte pour opposition constitutionnelle que la gauche nommée *dynastique;* je ne conçois d'opposition sérieuse que par elle, car elle a conçu en vision *un programme ; elle rend des comptes* dans la chambre, hors la chambre, au pays. Elle professe des principes qui, depuis huit ans, sont diamétralement opposés à ceux du gouvernement. Depuis huit ans, elle trouve tout illibéral, illégitime, oppressif, humiliant. Sans vouloir l'émeute, elle l'a provoquée, défendue; et, lorsque l'émeute a été vaincue, punie, enfin amnistiée, l'opposition ne s'est pas rendue devant l'expérience; elle a persisté dans ses utopies irritantes; elle a protesté toujours au nom du pays, qui protestait contre elle par sa majorité représentative, et bien plus encore par son état d'ordre, de paix, de travail, de bien-être.

A la bonne heure! voilà une opposition sérieuse, persévérante, immuable. Que demain elle soit au pouvoir, et demain elle défera tout ce que la majorité a fait si laborieusement, et qui a si bien réussi.

Or, je le demande à l'opposition elle-même, si elle écarte les puritains, ou républicains, qu'elle ne reconnaît pas; les légitimistes, avec lesquels elle s'allie pour détruire, mais dont elle est l'antipode; si elle reste fidèle à *son trône fantastique, entouré d'institutions républicaines;* si, en un mot, elle ne veut être qu'elle, elle seule : je le lui demande: croit-elle pouvoir constituer un ministère ayant la majorité? Elle ne le croit pas ; elle ne le dit pas.

Et M. Guizot, qui, pour la première fois, fait apparaître M. Barrot parmi les noms *possibles*, comme organisateurs du pouvoir; M. Guizot ne va pas jusqu'à penser que la gauche dynastique puisse fournir à elle seule un cabinet; il lui donne pour unique mission celle de protéger le centre gauche, qui deviendrait titulaire provisoire du pouvoir, comme précurseur du programme.

Cette fois, je le demande à la majorité : est-elle disposée à se rallier à un ministère *pur centre gauche, appuyé de la gauche ;* c'est-à-dire offrant l'expectative inévitable d'un système qui aurait pour base des principes complétement opposés à ceux dont le triomphe a coûté si cher? C'est la ruine de la royauté;

c'est, de dégradation en dégradation, la république. Malgré toute la foi que j'accorde à M. Guizot, je ne saurais croire à la possibilité d'un ministère centre gauche, appuyé sur la gauche.

Mais la combinaison qui unirait *le centre droit* et *le centre gauche* serait-elle plus praticable, plus possible? encore moins, et si M. Guizot est parvenu à l'espérer, je déplore qu'une pareille contradiction ait pu s'emparer d'une raison si forte, si logique.

Le centre droit! quelles sont donc ses doctrines, ses tendances? C'est de faire de la monarchie avec la liberté; mais une monarchie sérieuse, puissante, profonde, qui ne soit pas un vain fantôme, un indigne et impuissant simulacre: c'est de constituer une liberté réelle, régulière, possible, qui ne dégénère pas en abstraction stérile, en tyrannie brutale, sanglante, spoliatrice : voilà ce que veut le centre droit.

Rendons justice au centre gauche : il veut aussi tout ce que veut le centre droit, mais il le veut par d'autres moyens; il le veut, en adoptant, à peu près, la nébuleuse idéologie de la gauche, seulement en refusant de la suivre dans l'application. Le centre gauche s'abuse, et malheureusement il le sait; il sait que les préjugés sont là, et, cependant, il les flatte pour être populaire. En contradiction avec lui-même, le centre gauche a voté toutes les lois préventives et préservatrices, et cependant s'il ne les renie pas, il a l'air de les subir. Ainsi, par sa nature même, par ses tendances, par ses faiblesses, le centre gauche aboutit nécessairement à la gauche, laquelle arrive nécessairement elle-même à la république. Un pouvoir *mi-centre droit, mi-centre gauche*, tel qu'est parvenu à l'admettre M. Guizot, est donc plus qu'impossible ; il est monstrueux.

Le centre droit, seul, peut-il se flatter de l'organiser et de rallier à lui la majorité ? Je le nie encore, et je m'en rapporte à la chambre elle-même. J'en ai donné la raison, en définissant les hautes conditions de moralité de l'homme qui personnifie essentiellement le centre droit. Il y a en lui trop d'inflexibilité intellectuelle (j'ai failli dire d'aristocratie); et, par conséquent, trop peu de cette tolérance, de cette indulgence, de cet abandon qui ne doivent pas aller jusqu'à l'entraînement ,mais qui sympathisent si bien avec notre nature française. La présence au pouvoir de l'élément moral ajoute à sa force, à sa stabilité, à sa grandeur, mais il ne suffit pas à lui seul pour le constituer; il lui faut un *associé* plus souple, plus pratique, plus homme, et surtout plus français; et, sur cette conclusion, j'adjure encore le sentiment de la chambre.

Si, donc, il n'y a pas de ministère de *la gauche*, ou *centre gauche*, ou *centre gauche* et *centre droit*, enfin *centre droit* possible, quel ministère peut l'être ? *celui qui est :* non pas quant aux noms, aux personnes, (j'en parlerai tout à l'heure), mais comme principe, comme système, comme nécessité, parce que c'est en lui que réside la majorité réelle, celle qui représente la majorité du pays, *le juste milieu :* ce juste milieu que, naguère, M. Guizot a défini avec tant de clarté, soutenu avec tant d'énergie.

Le *juste milieu !...* Mais c'est le symbole de la vérité, de la justice, de la force; parce que la vérité, pas plus que la justice, pas plus que la force, n'est dans l'exagéraion des doctrines, dans leur immobilité, leur exigence. C'est, surtout, dans l'application que la supériorité du principe modérateur se fait sentir, et je n'en veux pour preuve que les résultats obtenus dans nos longues luttes sociales. M. Guizot s'est plu à la proclamer bien haut.

Le *juste milieu!...* c'est le rendez-vous de toutes les opinions modérées, bienveillantes, indulgentes même, qui font la part des erreurs, des faiblesses, des imperfections, et accueillent toutes les volontés honnêtes et paisibles. Et ce n'est pas là du relâchement, de l'abandon, de l'imprévoyance; au contraire, c'est de la force, de la sagesse, de la prévision; parce que, tôt ou tard, la modération triomphe des résistances, et ramène à elle tout ce qui n'est pas désespérément ennemi.

Si cette définition et ce caractère du juste milieu sont vrais; si c'est bien là l'esprit de la majorité en France et dans la chambre représentative; si, chaque jour, son vœu se révèle plus fortement encore en faveur de ce système tempéré qui convient si bien aux nations fatiguées des grands efforts, des grands sacrifices qu'entraînent et nécessitent les révolutions, ne faut-il pas conclure de cette vérité que le ministère le plus en harmonie avec cette disposition générale du pays sera celui qui répondra le mieux à la pensée de la majorité ?

Je ne crains donc pas de l'affirmer: parmi les hommes d'état qui, en ce moment, occupent le pouvoir, ou y aspirent, M. Molé et **M.** de Montalivet me paraissent réunir au plus haut degré les conditions de gouvernement propres à satisfaire à ce besoin de rapprochement et d'organisation paisible; en même temps qu'ils offrent les plus sûres garanties pour la défense du trône, de nos institutions, et pour le maintien des règles de l'ordre et de la conservation.

Je puis ajouter encore en leur faveur l'expression loyale de confiance et de haute estime dont ces deux noms jouissent à l'étranger, à cause de cette même modération qui est le fond de leur caractère politique, de cette même droiture à laquelle leurs adversaires ne peuvent s'empêcher de rendre hommage. Certes, c'est bien quelque chose pour un gouvernement que d'être investi de la considération des nations avec lesquelles la France est appelée à vivre en paix. Nos Don Quichottes à grands sentimens patriotiques trouveront là de *l'opprobre :* soit!...

Je n'ai parlé que des deux noms essentiellement politiques du cabinet, tout en accordant un vrai mérite et un profond dévouement à tous ses honorables membres.

Comment se fait-il donc que ce ministère, dans la pensée modératrice qu'il résume, et qui se trouve en si parfaite harmonie avec celle de la couronne, comment se fait-il, dis-je, que tant de défiances l'accueillent, que tant d'ambitions le poursuivent, tant de tracasseries l'entourent, tant d'hostilités le menacent? Rien de plus naturel pourtant.

Le ministère a encouru la colère de *la gauche*, parce qu'après avoir donné l'amnistie il n'a pas voulu se jeter dans un système de relâchement et d'abandon, ni renier les lois tutélaires qui ont affermi l'ordre et les lois.

Le ministère mécontente le *centre gauche*, c'est-à-dire les exclusifs de cette opinion mi-conservatrice, mi-révolutionnaire, parce qu'il a refusé de se livrer entièrement à quelques impatiens du pouvoir.

Enfin, le ministère s'est attiré la rancune très irritable des chefs du *centre droit*, à cause, même, de son caractère de conciliation, appliqué aux hommes comme aux choses ; conciliation que l'on taxe très improprement de faiblesse et de dégradation du pouvoir.

A Dieu ne plaise que j'entende rien dire de blessant, pour M. Guizot, surtout ! Personne plus que moi n'a de respect pour lui. Il a, comme disciple et comme ami, un des hommes que j'aime, que j'honore le plus, M. Duchatel. Un de mes plus vifs regrets est de les trouver tous deux engagés dans une opposition, à mon sens, injuste et impolitique. J'ai long-temps conservé l'espérance de les voir se rapprocher d'un collègue dont ils n'auraient jamais dû se séparer, et s'unir à celui qu'ils auraient dû toujours accepter. C'est avec une véritable peine que je perds cette confiance d'un retour qui aurait donné au pouvoir un degré de force de plus. Si ces deux chefs éminens du centre droit sont appelés à le diriger encore, je les attends à l'œuvre pour leur démander loyalement compte d'une résistance dont l'expression publique, malgré toute son élévation, est loin d'avoir convaincu les amis sincères du trône et du pays.

Aucun enseignement profitable n'en est ressorti, parce que cette haute thèse n'a reposé sur aucun acte, sur aucun fait, et qu'elle s'est produite en pure abstraction. Les actes, les faits, au contraire, sont tous en faveur du ministère, essentiellement de M. le comte Molé, qui en résume la responsabilité.

Le dernier de tous ces actes, même la position qu'il a prise en face de la trop célèbre conversion des rentes, a été pour le cabinet et pour son chef une grande épreuve, dans laquelle il a résisté, comme il devait le faire, à une loi dont je n'entreprendrai pas aujourd'hui de contester ni d'approuver le principe, l'avantage, l'opportunité, mais qui, dans tous les cas, ne doit nullement être imposée par un seul des pouvoirs législatifs. Les adversaires déclarés de cette loi ont pu blâmer l'attitude, en quelque sorte neutre, ou mollement défensive, du ministère ; et, moi, je lui sais gré de n'avoir pas voulu aussi se briser contre un obstacle qui avait déjà renversé le plus considérable de nos cabinets. La concession n'a été que dans la forme ; au fond, le ministère s'est toujours réservé l'exécution de cette formidable opération financière, après qu'elle aurait obtenu la triple sanction qui lui est nécessaire pour devenir loi.

Ainsi, que la chambre des députés, dans un esprit exagéré d'omnipotence, ait entendu soumettre le gouvernement à lui rendre compte, dans un court délai, de l'exécution d'un projet qu'elle considérait déjà comme une loi ; que toutes les nuances d'opposition, pures ou malveillantes, se soient coalisées pour faire passer le pouvoir sous cette fourche caudine ultra-parlementaire, dans le désir et l'espoir de le renverser ; que, fort de son droit et de son devoir, c'est-à-dire de la sanction royale et de sa responsabilité, le cabinet n'accepte pas une humiliation, et conserve son libre arbitre dans les nouveaux et solennels débats qui vont s'engager, il n'y a rien là que de parfaitement constitutionnel. Si l'on doit s'étonner de quelque chose, c'est que des organes, qui se disent *constitutionnels*, crient à l'anathème contre cette application si simple, si légitime, de l'une des conditions sacramentelles de notre droit public.

En Angleterre, dont on cite chaque jour l'exemple, les ministres éprouvent une résistance énergique et persévérante devant la chambre héréditaire. A la chambre des communes même, ils ont peine à compter quelque voix de majorité, grace encore à l'appui dangereux des radicaux ; et, cependant, ils se croient autorisés à rester au pouvoir, tant qu'ils ont la confiance du trône : c'est aussi leur droit et leur devoir.

Eh bien ! comme eux, que le cabinet *du 15 avril* trouve sa force dans l'appui de la couronne ; qu'il s'inspire de sa sagesse et de son courage ; qu'il persiste dans son système de rapprochement, abstraction faite des camps et des bannières, en conviant de venir à lui toutes les opinions loyales et constitutionnelles ; qu'il se pose plus fortement encore sur cette base centrale, *ce juste milieu*, où se sont déjà ralliés tant de talens distingués, tant de solides patriotismes; qu'il se complète par quelques adjonctions nécessaires et faciles à obtenir, au moyen d'une meilleure distribution de l'œuvre immense du pouvoir et de l'administration ; que, parmi ces nouveaux athlètes, il trouve d'heureuses organisations de parole pour le seconder dans le combat, et j'ose répondre que cette même chambre, en apparence si incertaine, si confuse, mais en réalité si droite, si conservatrice, lui accordera plus cordialement, plus largement un concours qu'elle ne lui a pas refusé encore dans les hautes questions de politique et de gouvernement. J'ose, dis-je, le garantir : après avoir traversé elle-même sa première épreuve, et s'être rendu compte de la valeur de chacun des hommes qui sont ou peuvent être appelés au pouvoir, la chambre sera convaincue que le cabinet *du* 15 *avril* lui offre des talens, surtout des dévouemens qui le disputent à tous, et qui ont sur beaucoup d'autres le mérite du succès.

Attendons, et laissons faire à la raison de la chambre et à la prudence du Roi!....... (1).

---

(1) Le déplorable vote sur la *loi des chemins de fer* vient de couronner l'œuvre de la coalition : *le pays lui en tiendra compte.*